François CHARLES

OTAN 2030

François CHARLES

OTAN 2030

Visions française, européenne, étasunienne et mondiale

Dictus Publishing

Imprint
Any brand names and product names mentioned in this book are subject to trademark, brand or patent protection and are trademarks or registered trademarks of their respective holders. The use of brand names, product names, common names, trade names, product descriptions etc. even without a particular marking in this work is in no way to be construed to mean that such names may be regarded as unrestricted in respect of trademark and brand protection legislation and could thus be used by anyone.

Cover image: www.ingimage.com

Publisher:
Dictus Publishing
is a trademark of
Dodo Books Indian Ocean Ltd., member of the OmniScriptum S.R.L Publishing group
str. A.Russo 15, of. 61, Chisinau-2068, Republic of Moldova Europe
Printed at: see last page
ISBN: 978-613-7-35641-8

OTAN 2030

Visions française, européenne, étasunienne et mondiale

François CHARLES

INTRODUCTION

Le sujet de l'OTAN se rouvre à chaque élection, chaque vente d'armement, chaque action de la Russie ou des Etats-Unis, et chaque tentative d'avancée de la défense européenne ou de l'UE généralement sous impulsion de la France sans forcément de résultat dans une Europe unie dans la diversité.

Ce livret rassemble une série d'articles parus au cours de quelques années. Il commence par une grande approche globale à l'occasion de la réflexion OTAN 2030, puis commente les effets de communication du Président Macron sur la mort cérébrale, revient sur un élément stratégique qu'est la fourniture de gaz, passe par une comparaison avec d'autres structures internationales, aborde le passage de relais que la France n'a pas su prendre sous la présidence Obama et se termine par un retour d'expérience de constitution d'équipe d'Europe au sein de l'OTAN qui n'a jamais signifié que c'était un passage obligé pour rentrer dans l'UE, comme certain(e)s responsables politiques ont voulu l'entendre.

Le but n'est pas forcément de prendre parti mais d'apporter une sensibilisation globale et des réalités qui doivent être considérées sans œillères pour repousser l'échéance d'une prochaine guerre qui sera cette fois nucléaire et dévastatrice et qui mettra cette fois les projecteurs sur l'Afrique.

OTAN 2030 : quelles réalités françaises, européennes, étasuniennes et mondiales ?

13 août 2021

Lors d'un récent Conseil européen, les chefs d'Etat et de gouvernement ont discuté avec le secrétaire général de l'Organisation du Traité de l'Atlantique Nord (OTAN) pour affirmer une certaine volonté d'identité tout en maintenant un lien privilégié avec leur allié principal que sont les Etats-Unis. Le secrétaire général a réaffirmé le rôle de plate-forme et de structure forte avec une Europe et des Etats-Unis « côte à côte ». Reste à savoir comment progresser vers une éventuelle transformation plus structurelle que technique et pourquoi pas désormais avec méthode et surtout « European by design ? » avec des réalités diverses et des particularités à la fois françaises, européennes étasuniennes et mondiales dans une politique générale pérenne équilibrée entre stratégie, structure, identité et prise de décision.

Après avoir fait vraiment connaitre l'OTAN à la Direction Générale de l'Armement (DGA) dans les années 90, avec une ouverture pour l'industrie, alors que les entreprises françaises étaient elles-mêmes très frileuses de s'y investir, après avoir réussi à créer une équipe d'Europe pour l'Air Command &

Control System (ACCS), programme industriel de l'OTAN sur l'épine dorsale des radars ; après avoir voulu valoriser cette organisation comme terrain de dialogue détaché sans pour autant parler de passage obligé avant d'intégrer l'Union européenne (UE), comme l'ont cru certain(e)s responsables étatiques français(es) ; après avoir organisé des réunions européennes de travail pour constater que les pays veulent avancer tout en conservant une réelle intelligence avec les Etats-Unis comme avec la France, que ces mêmes pays écoutent et sourient poliment en face et s'interrogent, voire critiquent ensuite ; après le constat d'isolement des Français au Quartier Général de Bruxelles par manque de volonté d'intégration et de style de leadership, je n'ai toujours pas changé d'avis : l'OTAN peut être un vecteur d'intégration européenne avec une France active dans une Europe unie dans la diversité avec ses points communs et ses spécificités.

Pour autant, considérant les principes de risques que rien ni personne n'est à l'abri de quoi que ce soit, nous pouvons nous interroger sur ce qui pourrait survenir si l'OTAN n'existait plus demain, comme le souhaitait Michel Rocard, voire si la France quittait une fois de plus totalement ou partiellement l'OTAN, ne serait-ce que pour créer un éventuel nouvel électrochoc si possible dans le bon sens ? Ou peut-être faudra-t-il que les Etats-Unis partent d'eux-mêmes comme dans une certaine série de Netflix qui a imaginé le scénario mais avec une UE toujours aussi manipulable ou peut-être opportuniste en fonction de ses aspirations ?

Certaines méthodes connues de stratégie, d'organisation, de management et surtout de psychologie existent pourtant pour aller de l'avant dans les décisions politiques quand les militaires sur le terrain sont bien obligés de trouver souvent la solution pour réaliser la mission. Il ne s'agit pas forcément d'un problème matériel mais surtout idéologique et organisationnel dont l'OTAN est bien le sujet, avec un besoin de maitriser les théories des jeux et des organisations pourtant essentielles. Regardons certaines réalités en face de façon globale par constats et retours d'expériences ouverts et cachés, mais sans doute de façon non exhaustive qui mériterait un plus long développement.

Mais nul besoin d'aller prier Sainte Rita, la défense européenne n'est pas une cause perdue pour l'Europe puisque les Etats-Unis s'en occupent avec ses alliés, sauf peut-être pour la France sauf à comprendre que les intérêts des deux pays vont finalement dans le même sens avec peut-être même une notion d'éthique commune.

Analysons un certain nombre de réalités souvent croisées et à tiroirs ainsi que certaines pistes qui doivent être abordées avec courage.

I / Rappel ou information de ce qu'est ou pas l'OTAN à travers ses quatre piliers de politique générale à savoir sa stratégie, ses structures avec ses membres et ses règles de fonctionnement, son identité et son système de prise de décision

Créé en 1949 par le traité de Washington, l'OTAN compte désormais 30 pays membres. Elle affiche pour vocation initiale d'assurer la sécurité de l'Europe occidentale avec un lien fort avec les États-Unis, contre l'Union soviétique qui mit ensuite en place le pacte de Varsovie après notamment la décision française d'accepter le réarmement allemand et l'intégration de la RFA à l'OTAN.

A sa création en 1949, l'Alliance comptait douze membres fondateurs : Belgique, Canada, Danemark, États-Unis, France, Islande, Italie, Luxembourg, Norvège, Pays-Bas, Portugal et Royaume-Uni. Les autres pays membres sont : Grèce et Turquie (1952), Allemagne (1955), Espagne (1982), République tchèque, Hongrie et Pologne (1999), Bulgarie, Estonie, Lettonie, Lituanie, Roumanie, Slovaquie, Slovénie

(2004), Albanie, Croatie (2009), Monténégro (2017) et Macédoine du nord (2020).

La dislocation de l'URSS n'a pas fait disparaitre l'OTAN mais a plutôt vu une expansion notamment dans les pays du Centre Europe, rentrés également dans l'UE. Les discussions avec la Russie se sont refroidies après les événements d'Ukraine. Les relations avec l'UE se sont formalisées en 2002 mais plutôt en berne désormais comme nous le verrons plus après.

Les dates clés communiquées sur le site de l'organisation sont 1989 avec la chute du mur de Berlin et 1991 pour le développement des partenariats avec le pays de l'Est intégrés sous le principe que « l'OTAN est ouverte à « tout autre État européen susceptible de favoriser le développement des principes du présent Traité et de contribuer à la sécurité de la région de l'Atlantique Nord », puis la Russie, d'ailleurs toujours présente en membre observateur et toujours installée dans l'ancien siège de l'Organisation à Bruxelles. Il est fait aussi mention de 1995 avec la première grande opération de gestion de crise en Bosnie-Herzégovine, 2001 avec le première invocation de l'article 5 suite aux attentats de New York avec les étonnements que l'on sait, et une approche plus large de la sécurité, 2003 avec le commandement de la Force internationale d'assistance à la sécurité en Afghanistan. Notons enfin 2010 avec un nouveau concept stratégique d'« engagement actif, défense moderne ».

Le système de prise de décision de l'OTAN est le consensus et donc la décision collective après échanges entre représentants et experts civils et militaires des pays et du siège. Ses langues de travail sont l'anglais et le français, outil juridique par excellence, qui n'est hélas quasiment pas utilisé et qui ennuie désormais plus qu'il n'apporte, sauf à rappeler la volonté française de maintenir une certaine flamme sans vouloir en faire son deuil. Certains réclamant le retour du Français comme langue européenne des élites, comme au temps de Napoléon, à la suite du divorce de l'UE avec la Grande Bretagne. Nous le voyons aussi aux jeux olympiques et même à l'eurovision.

L'OTAN a par ailleurs élaboré ce qu'elle appelle le plan d'action pour l'adhésion. Comme pour l'UE, il aide les pays qui aspirent à devenir membres à préparer leur adhésion et à remplir certains critères essentiels en leur offrant des conseils pratiques et une assistance ciblée.

L'OTAN a pour objectif immuable et affiché de sauvegarder la liberté et la sécurité de tous les membres par des moyens politiques et militaires à travers un concept stratégique de défense collective, de gestion de crise et de sécurité collaborative. Elle est considérée comme un outil européen pour les uns et étasunien pour les autres. Elle sert autant d'alibi de résistance et d'identité, ce qui a été à l'origine de sa création avant le pacte de Varsovie.

En plus d'être un terrain de discussion, de concertation et de facilitation utile aux Européens, l'OTAN et ses désormais 30 pays membres est une organisation intergouvernementale politique, économique (art 2), industrielle et enfin militaire (art 5 et autres) avec assistance mutuelle parfois lue à la carte.

L'OTAN applique en général la notion de subsidiarité, sur certaines compétences non exclusives et non partagées que les nations ne peuvent pas faire seules et raisonnablement. Rappelons que pour l'UE la subsidiarité n'apparait qu'après les compétences exclusives et partagées. Mais en Europe, à part la France et le Royaume-Uni, qui peut agir finalement seul dans la défense sauf à imaginer un regroupement ? Elle fournit une structure de commandement, possède très peu de capacités et ses forces sont avant tout sont celles de nations. Elle cherche au maximum des optimisations d'utilisation et de planification avec des clubs de retours d'expérience et des réseaux au sein des nations.

L'OTAN s'affiche comme une communauté de valeurs avec attachement à la démocratie parlementaire, aux libertés individuelles, aux droits humains et à l'État de droit, finalement comme l'UE mais sans l'entendre condamner actuellement certains pays. L'assemblée parlementaire de l'OTAN est issue des pays membres, avec des identités très politiques, et n'a qu'un rôle consultatif comme le Conseil de l'Europe. On peut donc parfois mal comprendre sa dimension politique, qui existe pourtant bien, sauf à être réservée.

Sa stratégie militaire n'a jamais voulu citer l'URSS ni la Russie. Anciennement graduée, elle semble désormais devenue plus agile et potentiellement immédiatement activable en réactions aux risques et menaces diffus, sachant que ce terme n'est pas compris de la même façon en Europe, avec une dissuasion permanente mais sans installation de nouvelle arme nucléaire. Le fait que la France veuille enfin considérer désormais que son arsenal nucléaire puisse profiter aux Européens n'empêche pas ces derniers d'acheter des avions étasuniens pour transporter les armes étasuniennes sans qu'il soit démontré que ce ne peut être le cas sous les ailes des avions européens dont français.

On évoque souvent l'article 5 de l'OTAN sur le possible engagement commun et la réciprocité et l'assistance quasi obligatoire des interventions. Mais cet article est parfois mis à mal avec une possible appréciation sélective, notamment lors du 11 septembre. Certains poussent désormais à la mémoire de la clause de l'ancienne Union de l'Europe Occidentale (UEO) qui paraissait plus adaptée. Cette solidarité d'Alliance, entrainant ses membres, fait s'interroger sur la Suède, n'étant pas dans l'euro et ayant perdu un allié avec le départ des Britanniques, indépendante militairement, qui ne souhaite pas forcément rentrer dans l'OTAN, considérant notamment que la coopération nordique fonctionne très bien, qui ne considère donc pas que l'UE doit être militaire comme une majorité de pays européens, mais qui a inscrit NordStream 2 dans sa stratégie de défense pour ses approvisionnements énergétiques.

La solidarité généralement la plus remarquée est celle du raccompagnement d'avions russes par la police de l'air dont fait partie la France au-dessus des pays baltes. Mais il en est également quand les mêmes avions survolent aussi les côtes de Bretagne par relais entre chaque pays, depuis les Pays-Bas jusqu'en Espagne, sans doute pour tester la réactivité européenne en rappelant que la Russie existe toujours. Merci en tout cas à notre partenaire, pour employer les mots du Président Poutine, pour ces exercices très intéressants sans avoir besoin de les organiser. Notons aussi que parfois les avions et navires de l'OTAN savent aussi tester les défenses russes comme récemment en Mer Noire.

Rappelons-nous que l'OTAN et ses membres sont intervenus en Irak pour une coopération visant à développer la capacité des forces de sécurité, ses institutions de défense et de sécurité, ainsi que ses académies nationales de défense. Il en était de même en Afghanistan par une mission non combattante de formation, de conseil et d'assistance au profit des forces et des institutions de sécurité.

D'un point de vue organisationnel, le siège de l'OTAN, initialement situé à Londres puis à Paris (dans les locaux désormais occupés par l'université Paris-Dauphine - PSL) se trouve depuis 1966 à Haren (Bruxelles), et son principal commandement militaire, le SHAPE, initialement installé à Rocquencourt (France), se trouve aujourd'hui à Maisières (Mons), également en Belgique.

L'OTAN s'organise autour de deux commandements stratégiques : le Commandement allié Opérations (ACO) et le Commandement allié Transformation (ACT). L'ACO, sous le commandement suprême des forces alliées en Europe (SACEUR), est responsable de la planification et de l'exécution de toutes les opérations militaires. Il comprend un quartier général de niveau stratégique, le Grand quartier général des puissances alliées en Europe (SHAPE), implanté à Mons (Belgique), deux commandements de forces interarmées (JFC) à Naples (Italie) et à Brunssum (Pays-Bas), et trois grands commandements de niveau tactique pour les opérations aériennes, terrestres et maritimes, chacun ayant son propre quartier général.

L'ACT s'occupe de la transformation militaire de l'OTAN. Il est dirigé par le commandant suprême allié Transformation (SACT)installé à Norfolk (Virginie), aux États-Unis. Ses responsabilités principales englobent la formation, l'entraînement et les exercices et la promotion de l'interopérabilité à l'échelle de l'Alliance. L'ACT aide aussi dans une certaine façon à maintenir et à renforcer le lien transatlantique vital entre l'Europe et l'Amérique du Nord et promeut un partage équitable des rôles, des risques et des responsabilités entre les Alliés. L'ACT exploite le Centre interarmées d'analyse et de retour d'expérience, à Lisbonne (Portugal), le Centre d'entraînement de forces interarmées, à Bydgoszcz (Pologne) et le Centre de guerre interarmées, à Stavanger (Norvège).

D'un point de vue opérationnel, à travers des missions non uniquement militaires, l'OTAN est ou a été engagée par des actions terrestres, aériennes et navales à travers le monde, comme en Afghanistan, au Kosovo et en Méditerranée. Elle est intervenue en Iraq pour des missions de formation. Elle exécute des missions de police du ciel en Afrique et apporte également un soutien dans la gestion de la crise des réfugiés et des migrants. Elle mène par ailleurs des opérations et des missions de secours à la suite des catastrophes naturelles, technologiques ou humanitaires. On peut aussi noter que l'OTAN contribue à la lutte contre la pandémie de COVID-19 dans les pays de l'Alliance et les pays partenaires en assurant le transport de personnel soignant et de fournitures essentielles, en aidant à la construction d'hôpitaux de campagne et en fournissant un soutien aux autorités locales dans les pays où les troupes de l'OTAN sont déployées.

D'un point de vue technique, l'OTAN est un organisme de normalisation avec ses standards. L'exercice est surtout confié à ACT, désormais confié à un général français depuis le retour complet de la France dans le commandement intégré, avec notamment les programmes fédérateurs FMN (Federated Mission Networking) et TIDE SPRINT (Transforming towards, Information, Decision & Execution superiority) destinés à optimiser les capacités de l'OTAN et promouvoir l'interopérabilité avec les nations.

Il apparait clairement que si la France met en avant cette normalisation, qui n'est apparemment qu'une affaire européenne, les autres nations communiquent sur le fait que les achats de matériels étasuniens ne sont pas faits dans le cadre de l'OTAN mais parce que des pays les ont choisis pour travailler ensemble.

En relation avec les Directeurs Nationaux d'Armement de chaque pays, l'OTAN sait mobiliser les industriels à travers un **groupe consultatif** composé de représentants industriels de haut niveau des pays membres. Chacun d'eux agit en tant que point focal et porte-parole de ses industries et associations nationales de défense et de sécurité, dans le but d'aider au développement des besoins en capacités militaires, à la mise en œuvre de solutions interopérables, favoriser la coopération technologique et industrielle de défense transatlantique et fournir des conseils sur l'adoption de normes « open source ».

L'OTAN met en place des agences autonomes pour le management de certains projets ou de leur maintenance, avec une réforme récente autour des thèmes majeurs que sont l'acquisition, le soutien, l'information et la communication visant à l'optimisation de la fourniture des capacités et des services, le renforcement de la synergie entre fonctions similaires, et le développement de la transparence et la responsabilisation.

L'Agence OTAN d'information et de communication (NCIA), dont le siège se trouve à Bruxelles, est chargée du soutien et de la fourniture de services dans le domaine de l'informatique au sens large : systèmes de commandement et de contrôle, communications tactiques et stratégiques, systèmes de cyberdéfense, etc.. et a repris la NACMA, organe des gestion de l'ACCS.

Depuis sa création en 1958 et son évolution en 2012, l'Agence OTAN de soutien et d'acquisition (NSPA), dont le siège se trouve à Capellen (Luxembourg), acquiert, exploite et entretient pour les Alliés, les autorités militaires de l'OTAN et les pays partenaires, toutes sortes de produits et d'installations, des systèmes d'armes à la livraison de carburant, en passant par les services portuaires, la logistique des aérodromes, les services médicaux et de restauration ou les services de soutien de base pour les troupes stationnées à travers le monde, en permettant notamment à ses clients de réaliser des économies d'échelle. Une sorte d'Union de Groupements d'Achat Public (UGAP) de l'OTAN. Les administrations nationales, dont françaises, l'utilisent parfois pour leurs appels d'offres. Elle est financée par ses clients sans notion de profit et son activité commerciale a presque quadruplé au cours de la dernière décennie, atteignant un volume d'affaires annuel de 4 milliards d'euros. Plus de 60 000 entreprises sont enregistrées dans le fichier source de la NSPA, après validation par la DGA pour la France, avec notamment une balance de juste retour et une possibilité de refaire une offre, pour une entreprise, si son pays d'origine est en déficit de juste retour industriel.

L'Organisation otanienne pour la Science et la Technologie (STO) comprend notamment le Bureau de soutien à la collaboration et le Centre pour la recherche et l'expérimentation maritimes. Elle est dirigée par un conseiller scientifique basé à Bruxelles, qui joue un rôle consultatif de haut niveau dans le domaine scientifique, à l'échelle de l'OTAN.

Le Bureau OTAN de normalisation (NSO), situé à Bruxelles, soutient et administre les activités OTAN de normalisation sous l'autorité d'un Comité. Il rend par ailleurs compte au Comité militaire pour ce qui concerne la normalisation opérationnelle.

L'OTAN sait aussi faire des agences de management de programme avec autonomie organisationnelle, administrative et financière cherchant à optimiser les réalisations, sans forcément casser le constat du sempiternel surcoût des coopérations dans le domaine militaire. Elles sont en concurrence avec l'Organisation Conjointe de Coopération en matière d'Armement (OCCAR), d'initiative française, se revendiquant organisme international, qui n'est pas une agence de l'UE et qui peut offrir ses services à tous les pays de l'OTAN, mais avec des règles de management apparemment plus fortes.

La NAHEMA (NATO Helicopter Management Agency), dont le siège est à Aix-en-Provence, est depuis 1992 principalement chargée d'assurer et de garantir le développement, la production et le soutien logistique du programme d'hélicoptère NH90 dont le maître d'œuvre industriel est le consortium NHIndustries qui réunit Airbus Helicopters (ex-Eurocopter - 62,5 %), filiale du groupe européen aéronautique et de défense Airbus (ex-EADS), la société italienne AgustaWestland (32 %) et la société néerlandaise Stork Fokker (5,5 %).

L'Agence OTAN de gestion de l'Eurofighter 2000 et des Tornados (NETMA) est le principal client et organe de gestion du programme de quatre États du système d'armes Eurofighter Typhoon. Ses bureaux sont situés à Hallbergmoos en Allemagne avec des agents civils et militaires détachés des

États participants que sont le Royaume-Uni, l'Allemagne, l'Italie et l'Espagne en relation avec l'Eurofighter Jagdflugzeug GmbH qui coordonne le programme du côté de l'industrie avec les entreprises partenaires du programme que sont BAE Systems, Leonardo - Aircraft Division, Airbus Defence & Space.

L'OTAN ce sont aussi des centres d'excellence, organismes militaires internationaux, sous la responsabilité d'ACT pour la création, l'homologation et l'évaluation périodique. Ils forment des responsables et des spécialistes de pays membres de l'OTAN ou de pays partenaires, contribuent à l'élaboration des doctrines, évaluent les enseignements tirés, améliorent l'interopérabilité et les capacités, et testent et valident les concepts par l'expérimentation. Ils bénéficient d'un financement national ou multinational sans financement direct de l'OTAN et ne font pas partie de la structure de commandement. Ils font profiter l'Alliance d'une expertise et d'une expérience reconnues, et ils soutiennent la transformation de l'OTAN, sans pour autant dupliquer les moyens, les ressources et les capacités déjà disponibles au sein de l'Alliance. Les 25 Centres d'Excellence sont répartis dans les différents pays dont désormais deux en France, homologué depuis 2008 Centre d'analyse et de simulation pour la préparation aux opérations aériennes (CASPOA) et prochainement un annoncé pour le spatial. Nous avons manqué l'occasion de créer un centre de simulation opérationnelle air ou interarmées sur la base de Dijon mais il convient de persévérer. Les centres couvrent une large gamme de domaines : opérations civilo-militaires, cyberdéfense, médecine militaire, sécurité énergétique, guerre des mines navale, défense contre le terrorisme, opérations par temps froid, lutte contre les engins explosifs improvisés... Des exercices de simulation sont menés régulièrement soit dans un domaine spécifique, soit en inter-centres.

S'agissant du budget, des solidarités économiques, d'infrastructures et de sécurité énergétique, l'article 2 bien méconnu de l'OTAN sur la solidarité économique arrive donc avant l'article 5 sur l'alliance militaire. Beaucoup annoncent, mais sans chiffres précis, que l'économie de l'OTAN profite essentiellement aux Etats Unis. On entend souvent les Etats-Unis réclamer plus de budgets de la part des pays européens. Qu'en est-il vraiment et pour quel objectif ?

L'OTAN fonctionne avec d'une part un budget commun civil et d'investissement et d'autre part un budget militaire, plus important, pour environ 2 G€. L'Allemagne y contribue pour 15%, la France pour 11%, le Royaume-Uni pour 10 %, l'Italie pour 8 % et l'Espagne pour 6 %. Les autres Etats membres ont tous une quote-part inférieure à 5 % du budget, voire à 1 % le plus souvent. Les Etats-Unis ont la contribution la plus importante soit 22 %.

S'agissant des financements indirects et la règle des 2% du PIB, dont certains Français s'attribuent la paternité, seuls quatre Etats de l'UE respectent désormais cette règle avec la France, la Grèce, l'Estonie, la Pologne, et Royaume-Uni désormais sorti de l'UE. Le budget allemand est néanmoins plus important en valeur que celui de la France, même pour une nation dit non combattante. Les Etats-Unis y consacrent environ 3,16% soit 700 G$. La Bulgarie, la Lituanie et la Lettonie sont entre 1,5 et 2 %. Viennent ensuite le Portugal, l'Italie, l'Allemagne, les Pays-Bas, la Slovaquie, le Danemark entre 1,1 et 1,5 %. Enfin arrivent la République tchèque, la Belgique, l'Espagne, le Luxembourg et la Hongrie avec un budget inférieur à 1%.

Selon les données publiées par l'OTAN, sans aller trop dans le détail, le budget militaire des États-Unis s'élève en 2017 à 683 milliards de dollars, soit 72 % du budget total de défense des États membres· Ce déséquilibre leur donne un poids prépondérant dans les décisions avec la politique du « carnet de chèque » vécue lors des négociations ACCS face à une équipe d'Europe peu à peu constituée. Elles seraient passées de 53% en 1996, avant la chute du mur de Berlin, à

72% par l'aménagement de bases dans les pays du centre Europe désormais sous la coupe de l'OTAN, oubliant aussi les revenus de locations et intégrant peut-être les dépenses directes étasuniennes sans passer par l'OTAN, voire celles engagées déjà en Asie ? Elles incluent sans doute aussi les capacités nucléaires et les actions pour intervenir sur la terre entière comme le fait la France en tirant ses alliés en Afrique, dont ceux qui en sont très éloignés géographiquement.

Il conviendra de voir si les dépenses énergétiques, à la fois liées à l'économie et la sécurité, sont incorporables et peut être faudrait-il y enlever tout ou partie du solde des ventes d'armes étasuniennes sans contreparties, ainsi que les travaux financés par l'UE et les Etats sur la directive NIS de protection des infrastructures. L'accord trouvé entre la nouvelle administration Biden et l'Allemagne, sans doute au nom de l'UE, sur Nord Stream II est également, voire surtout, un élément et un lien économique majeur.

II / Interdépendance et solidarité avec l'UE

En Europe, il ne s'agit pas d'un exact copier-coller entre pays membres de l'OTAN et de l'UE. De l'accord de tous, sauf officiellement, le dialogue avec l'UE n'a jamais été aussi bas qu'actuellement. Les causes peuvent être nombreuses en passant par la volonté française de leadership et du deuil non fait de l'UEO, de la volonté persistante de gêne par le Royaume-Uni, entre autres multiples raisons. Les militaires et les ingénieurs savent bien que, si sur le terrain tout est possible, les politiques freinent les démarches, parfois sans éléments concrets de solutions mais pour une soi-disant défense de souveraineté ou d'autonomie stratégique.

Il semble exister une répartition entre les missions militaires pour l'OTAN et de crise pour l'UE mais qui sont toujours inscrites dans les documents de l'OTAN. L'UE pourrait aussi prendre une identité « verte » car les pays sont désormais très sensibles à l'environnement. L'OTAN, dont le nouveau siège longe un champ de maïs, où j'ai d'ailleurs retrouvé la pancarte de la place portant le nom du militaire russe ayant refusé de lancer ses missiles et évité une nouvelle guerre, possède déjà un secrétaire général dédié.

Il existe une passerelle toujours peu connue, voire même dénigrée par certains organismes étatiques français. Il s'agit de l'Eurocorps, au service de l'OTAN comme de l'UE, avec une certaine autonomie d'action et de gestion, contrairement à la brigade franco-allemande.

Si l'on peut apprendre de l'OTAN, on peut aussi apprendre de l'expérience de l'Union de l'Europe occidentale (UEO) qui fut, de 1954 à 2011, avec un pic dans les années 90, un essai d'organisation européenne de défense et de sûreté, composée d'États membres de l'OTAN et de la Communauté économique européenne puis de l'Union européenne. La règle d'assistance de l'OTAN est moins forte que celle anciennement instituée de feu l'UEO. D'un point de vue technique, l'UEO sous impulsion française, avait fait éclore le WEAG, pendant du NIAG. Une étude pourrait amener à valoriser les anciens aspects de l'UEO mais au sein de l'OTAN sans chercher coute que coute une forme d'indépendance. On peut aisément imaginer que les Etats-Unis ont agi avec certains alliés pour casser cette dynamique.

Comme je l'écrivais au début de ce dossier, la défense de l'Europe passera aussi et surtout par l'industrie. Le Fonds Européen (de R&D) de Défense, justifié par nombre d'études de justification de rationalisation, le « truc de Juncker » selon certains parlementaires français qui n'ont pas compris la problématique du titre, a bien montré dans ses présentations, qu'il ne s'agissait pas de se froisser avec l'OTAN, tout en imposant tout de même aux pays de choisir les réalisations faites, finalement comme tout programme en coopération financé en amont, que les Etats-Unis ont d'ailleurs découvert avec le F-35. Même si déjà retoqué de 13 à 9 milliards d'euros, le FE(RD)E vise indirectement aussi à faciliter la création de champions, réduire les problèmes de gestion de configuration et de maintenance mais aussi éviter les réalités d'offset internes et être plus compétitif à l'export en espérant une meilleure harmonisation des politiques nationales, souvent incomprises entre les pays.

Enfin, de grands spécialistes économiques et financiers considèrent que la force de la monnaie sera liée à l'autonomie stratégique et la souveraineté européenne en matière de défense.

III / Retour sur les réalités de l'histoire

L'histoire de l'OTAN commence en réalité lors de l'entrée en guerre des Etats-Unis en 1917, armés par la France et avec ses actions décisives sur le front. L'ennemi n'était pas la Russie. Georges Clemenceau disait que les Américains et les Anglais entassaient livres sur livres pour démontrer que ce sont eux qui avaient gagné la guerre. Il pensait par-contre également que la France aurait peut-être dû mieux soutenir les Etats-Unis et le Président Wilson dans la signature du traité de Versailles, même sans avoir réussi à faire passer des mesures assouplies. Clemenceau a par ailleurs toujours cherché le soutien des Etats-Unis dans la mise en œuvre du traité de

Versailles en Allemagne face à la résistance allemande. Il lui a été souvent reproché de vouloir détruire l'unité allemande que les deux Napoléon avaient contribué à construire et qu'ils ont peut-être regretté à Leipzig et Sedan.

S'agissant de l'histoire européenne, rappelons-nous aussi que les Pays Bas n'ont pas livré le Kaiser considéré pourtant comme redevable de crimes par les alliés. Il aura fallu la seconde guerre mondiale et d'Hitler, né par la volonté de domination et de revanche mais aussi d'une crise de 1929 générée aux Etats-Unis, pour que l'Allemagne renoue avec le fédéralisme que les Etats-Unis ont installé afin pour maintenir la paix. Ceci justifie sans doute souvent le fait que les Allemands n'aiment pas parler de leur constitution. On assiste ensuite à une entente politique et économique entre Pétain et Roosevelt dans la zone libre face à un de Gaulle plutôt aimé par l'opinion publique, qui a su rassembler dans l'ombre, par l'intermédiaire des préfets Brossolette et Moulin, et qui était reconnu comme chef militaire par Eisenhower, puis politique, comme Churchill. Sans de Gaulle, qui a redonné une identité française, comme l'a fait auparavant Napoléon, la France aurait été de toute façon libérée mais administrée par les Etats Unis jusqu'à sa monnaie. Après Kennedy, il fallut attendre Nixon pour reconnaitre de Gaulle et la volonté d'autonomie de la France.

Revenant sur cette France plus protectrice qu'attaquante, notamment avec la ligne Maginot, qui n'a pu être finalisée non pas manque de moyens mais par pression de pays tiers. Souvenons-nous les discours d'Edouard Daladier, toujours repris sur l'esprit de Vauban qui n'incitait pas à envahir mais à consolider.

La France allait déjà mal et était déjà déconsidérée par les Etats-Unis au niveau économique, avec une baisse énorme de la production, que surveillait Hitler pour attaquer au plus vite mais de façon ordonnée.

Notons aussi que le Parti communiste français, grâce à ses liens avec le parti gaulliste dès 1941, était favorable à une défense nucléaire indépendante ou plutôt sans la coupe des Etats-Unis et que G. Marchais, son Premier secrétaire, se révolta contre l'attitude atlantiste de F. Mitterrand, ancien ministre puis opposant du Général, qui fit davantage avancer l'Europe comme d'autres socialistes ou devenus, tel J. Delors, qui d'ailleurs arrêta les essais nucléaires, rappelant d'ailleurs les liens transatlantiques entre Vichy et les USA.

L'esprit reconnu de résistance français est peut-être aujourd'hui utile pour les liens économiques avec la Chine, peut-être dans une optique de bienveillance de dépeçage, à moins que ce ne soit militaire en cas d'alliance du triangle Chine Russie Turquie intéressés par l'Europe et la Méditerranée.

Souvenons-nous également que le Pacte de Varsovie avait été créé pour 20 ans à la suite de la rentrée de la RFA dans l'OTAN, que N. Khroutchev avait proposé la disparition de l'OTAN et du Pacte en vue de créer une structure de sécurité collective et qu'Eisenhower a répondu par la surveillance aérienne des installations des grandes puissances au traité de Genève.

IV / S'agissant de la première sortie de la France des opérations militaires

La sortie stratégique, voire impulsive de la France, en 1958, de l'organisation militaire de l'OTAN et de son commandement intégré, tout en restant dans l'Alliance Atlantique politique, n'était pas une rupture mais une volonté de ne pas abriter d'armes étasuniennes pouvant être mises en œuvre sans une décision française. Les étasuniens se demandaient de leur côté si la France avait changé de camp, finançant même certaines suspicions. Il en fut de même quand des ministres communistes étaient entrés dans le gouvernement Mitterrand alors que ce dernier avait bien montré sa volonté d'équilibre des forces face à la Russie contrairement à Giscard d'Estaing, même s'ils souhaitaient finalement le même but de la sortie de Yalta et du partage du monde, où la France n'avait d'ailleurs pas participé. La marine française sortit du commandement en 1959 sans encore posséder de porte-avions purement français mais bénéficiant de prêts britanniques et étasuniens.

Le général, qui se souvenait trop des affronts vécus face aux étasuniens considérait aussi, ou était-ce un alibi, que la présence de bases étasuniennes pourrait entraîner un risque de conflits qui ne concernaient pas la France et empêcherait une défense de l'Atlantique à l'Oural. Sans doute était-ce déjà une volonté de communication orientée vis-à-vis des alliés ou de sabordage comme pour l'essai d'armée européenne torpillée par la France ? Déjà en 1966 lors du départ de la France des opérations militaires, de Gaulle disait que l'OTAN était périmée tout en faisant tout de même ses preuves au moins dissuasives, par la suite. Certes la fermeture des bases en 1967 laissa la possibilité aux Français de rester en Allemagne, dont j'en fis. Le général de Gaulle disparu, les rapprochements eurent lieu à nouveau avec les Etats-Unis. La période de réintégration était très atlantiste, elle l'est désormais moins et en équilibre fragile. Peut-être faut-il attendre d'autres alignements de planètes de part et d'autre ?

Finalement, autant de Gaulle ne voulait pas d'un Royaume-Uni trublion en Europe, qui en est finalement sorti, autant les Etasuniens ne veulent pas d'une France grincheuse dans l'OTAN, ce qui arrange bien souvent les autres Européens, qui ensuite en récupèrent les fruits. Suite aux dernières élections, bien que francophile, le nouveau secrétaire d'état étasunien, ne changea pas vraiment de discours. Peut-être soutiendra-t-il un jour la volonté de leadership française comme lors de l'adoubement non exploité de Barak Obama lors de la Présidence Hollande ? Reste à savoir sous quelles conditions et quelles acceptations. Souvenons-nous que la France a pu obtenir son poste de membre permanent quand elle a arrêté de soutenir les petites nations à San Francisco.

V / Les réalités du retour de la France en 2009, sont pour l'instant plutôt un constat d'échec. Les objectifs attendus n'ont pas été compris par les équipes suivantes. La réintégration devait d'une part, faire profiter pleinement des avantages de la cotisation française, et pourquoi pas avec un commandement géographique, et d'autre part créer, sans forcément l'avouer pleinement, une réelle dynamique européenne, voire de gouvernance, au sein de l'OTAN. Il s'agissait de valoriser les savoir, savoir-faire et savoir être de la France, non plus en tant que sempiternel contre-leader politique face aux Etats-Unis qui jouent souvent la politique d'influence du « carnet de chèque ».

Le poste de numéro 2 de l'OTAN, général cinq étoiles, désormais attribué à la France, basé aux Etats-Unis, dirigeant la transformation (ACT), pourtant poste clé en termes d'interopérabilité, est resté symbolique et peu considéré bien que travaillant assidument. La France espérait plutôt un commandement, ce qu'elle obtient en partie pour les missions en mer grâce à son porte-avions dont elle vient de décider son remplacement.

Au-delà de son rôle de « mistigri », qui arrange bien souvent les autres pays, comme le dit volontiers un secrétaire général adjoint, la France a un rôle essentiel dans les dynamiques européennes, aux côtés ou tirant les autres pays en considérant mieux les aspects structurels et les membres qui composent cette organisation.

Les phrases du général de Gaulle, disant que la France devait être la meilleure et en tête, raisonnent encore. Elle peut l'être cette fois, de façon globale avec ses alliés et dans un esprit européen en confiance sans cristalliser d'abord sa stratégie et la proposer ensuite. Sa condamnation bien isolée, au sein de l'Europe, de l'action navale militaire turque, répétant les mots de mort cérébrale, pourrait sans doute faire réfléchir sur le(s) destinataire(s) du blâme. Mais peut-être était-ce un jeu du bon et du méchant ? Que penser de son revirement soudain mais positif vis-à-vis de la Suède, membre de l'UE, mais toujours indépendante dans une coopération nordique sans notion délicate d'alliance et sans être encore dans l'OTAN. Ces nouvelles coopérations, installées après l'avoir accusée de ses achats étasuniens, en oubliant les siens, sont-elles des jeux politiques, un deuil réalisé ou une nouvelle stratégie ?

S'agissant de la dissuasion nucléaire, il apparait que, même si une certaine ouverture semble exister pour considérer que son bouclier peut être mis également au service de ses alliés européens, la France reste ouverte à toute option, comme d'ailleurs le Royaume-Uni, et tient à conserver seule son siège au conseil de sécurité de l'ONU. Si elle se dit autant européenne, pourquoi conserver une solution d'indépendance, voire ne pas offrir de représenter l'UE avec son siège ? Les Etats-Unis continuent d'assurer la leur pour les « autres » Européens mais peut-être devraient-ils le faire cette fois avec consentement français ? En tout cas, Le Royaume-Uni, même sorti de l'UE, confie toujours son partenariat technologique nucléaire à la France plutôt qu'aux Etats-Unis. Pourquoi ne pas imaginer une dissuasion partagée, voire financée en commun avec un « droit d'accès pécuniaire », sorte de licence en dehors du financement pour conserver une « souveraineté » ? D'ailleurs, les Européens l'ont-ils vraiment avec la dissuasion étasunienne quand on connait les limites de l'article 5, et peuvent-ils refuser une frappe sur leur sol ?

Au-delà des beaux rapports parlementaires ou institutionnels de rationalisation, le complexe militaro industriel français doit être actif mais doit savoir laisser une place, notamment aux Allemands, pays leader industriel et économique. Les deux pays ont su résister au grand pompage étasunien en Europe pour le F-35, qui obligeait des industriels étasuniens installés en Europe à donner des heures de travail. La France doit aussi laisser une place à l'Italie, l'Espagne, la Suède et tous les autres pays, notamment du centre, autrefois forces motrices industrielles soviétiques, et sans doute à terme l'Ukraine avec son énorme mémoire de capacité dans le domaine de l'armement.

Les industriels français et leur état de tutelle sont les principaux concurrents des matériels aéronautiques étasuniens qui transportent notamment des vecteurs nucléaires pour l'Europe et qui peuvent, comme dit précédemment, sans doute l'être aussi sous les Rafales ou Mirages, encore fabriqués sans coopération et moins soutenus en Europe, comme l'est également le Gripen suédois, contrairement aux Eurofigther ou Tornados. Si la coopération semble enfin s'installer entre la France et la Suède, ceci n'est pas un objectif de valorisation et d'influence au sein de l'OTAN car cette dernière n'en fait pas (encore) partie. Mais elle peut en être un pour ne pas y rentrer au même titre que le Royaume-Uni l'ont l'a fait envers la Suède pour qu'elle n'intègre pas l'Euro. Peut-être aurait-il été possible d'envisager un certain partage intelligent du ciel européen mais les Etats-Unis n'en n'ont apparemment pas voulu en rompant nos discussions sur ce sujet.

Comme dans certains autres pays, les militaires, la DGA et les affaires étrangères n'ont pas forcément la même position au regard de leur raison d'être et de leurs savoir-faire, avec les avantages et inconvénients que cela représente.

La France, et notamment ses actuels dirigeants, n'acceptent ni ne comprennent que les autres pays d'Europe s'en remettent davantage aux Etats-Unis et à l'OTAN comme il l'est d'ailleurs mentionné dans les traités européens voire dans certaines constitutions nationales. Elle considère qu'elle y perd son âme alors qu'elle pourrait mieux y faire valoir ses savoirs, savoir-faire et savoir être en s'y prenant autrement. Toute idée contraire à leur vision est blâmée et inaudible. Elle essaie d'avancer comme souvent à sa façon, persuadée de la bonne cause pour l'Europe tout en veillant à ses intérêts vitaux dont technologiques avec le risque permanent de ne pas obtenir les clés et informations de fonctionnement comme lors des achats des avions de guêt E-2C mais dont les autres semblent également concernés.

VI / S'agissant des relations et du positionnement de la France et de ses alliés entre OTAN, PSDC et IEI,

La France a toute sa place dans l'OTAN ou de toute autre structure si elle sait vivre en vraie interdépendance avec ses alliés, sans perdre son âme, si elle sait changer ses lunettes en confiance, changer de style de leadership, arrêter sa projection psychologique envers les Etats-Unis, à la fois politique mais également opérationnelle. Elle pourrait agir au contraire et paradoxalement dans un dialogue renforcé avec les Etats-Unis dans une dynamique européenne, et si elle s'attache à valoriser sa position technique, au-delà de celle politique, comme elle tente d'y parvenir dans la transformation et la normalisation.

Comme dit plus avant, la France aimerait faire seule, avec son mécanisme de décision et en imposant ses solutions et modèles, surtout en Afrique, mais elle n'en n'a pas les moyens à long terme. Les étasuniens le peuvent, mais préfèrent, quant à eux, le faire généralement sous le couvert d'organisations internationales.

Elle cherche donc l'appui des autres pays et notamment toujours des Britanniques, paradoxalement désormais en dehors de l'UE avec lesquels elle aime combattre et qui en a également les moyens même si également limités. Elle semble s'épanouir dans la PESD, ancienne PSDC de 1998, signée en 2007 à Lisbonne suite au traité de Nice, dans son rôle en matière de missions civiles, de gestion internationale des crises, et des opérations militaires de l'UE à l'étranger, de manière complémentaire et coordonnée avec l'OTAN et avec des mises à dispositions de troupes et de matériels par les nations qui demeurent souveraines.

La PSDC prévoit aussi la définition progressive d'une politique de défense commune de l'Union, une solution plus adoucie que l'ancienne UEO pour ne pas froisser nos partenaires étasuniens, comme le disait volontiers JC Junker, notamment dans son fonds de (R&D industrielle) de défense.

En revanche, elle s'épanouit surtout dans son **Initiative Européenne d'Intervention** (IEI), plutôt à la carte et permettant d'avancer avec ses amis et avec ses règles, sans forcément les faire combattre, avec néanmoins quelques limites. Cette **IEI** lancée en 2018 consiste en fait, non forcément en relation avec la PSDC, à créer au sein d'un groupe de 13 état européens, les conditions préalables à la conduite d'engagements opérationnels conjoints dans divers scénarios d'intervention militaire prédéfinis et qui complète sur le plan opérationnel la **Coopération structurée permanente (CSP ou PeSCo)** tournée vers le domaine capacitaire. Elle constitue une première concrétisation des propositions formulées en septembre 2017 par Emmanuel Macron dans le cadre de son « initiative pour l'Europe » en matière de défense pour que l'Europe se dote d'une force commune d'intervention et d'un budget de défense, mais peut-être cette fois opérationnel et plus imposant que le fonds Athéna ? Elle n'a pas forcément été bien comprise par ses alliés, dont les Britanniques, qui pensaient à une nouvelle instance ouverte et attendaient peut-être plutôt une affirmation politique de l'animation des battle fields capacitaires qui existaient déjà. L'IEI semble désormais déclencher une dynamique industrielle réactivant l'ancien WEAG de l'UEO et voulant peut-être y valoriser les actions du Fonds Européen (de R&D industrielle) de défense, lancé récemment après une période d'essai.

VII / S'agissant des considérations des autres pays européens, certains anciens grands chefs militaires dénoncent un manque de singularité européenne, peut-être de toute façon à leur image et scandent que la France est le seul pays d'Europe à avoir une vision, ce qui peut être louable sauf quand on sait qu'elle cristallise d'abord et propose ensuite. Les autres n'en ont-ils pas, ne le veulent-ils pas par mémoire ou ne le peuvent-ils pas, eux qui le sont pourtant obligés de réfléchir en interdépendance étant donné leurs moyens limités alors que la France peut se permettre de tout faire mais sur un temps limité ? Si tel est bien le cas, les Etats-Unis auraient-ils raison sur le fait que les pays européens se reposent trop sur eux pour leur défense et l'intégration de défense comme la France a presque réussi à le faire au Mali ?

Il est possible de faire un parallèle entre les groupes envers les PME, les incitant à investir avec partenariat réel mais agissant en réalité sous forme d'achats purs. On peut aussi rappeler que certains donneurs d'ordres industriels incitent parfois aussi les sous-traitants à monter la note afin de ne pas apparaitre comme persécuteur, tout en réclamant un possible retour en cas de besoin dans une sorte de cout objectif réévalué, livre ouvert et partage des risques souvent réclamé par les maîtres d'ouvrage. D'autres préfèrent aussi une certaine dépendance des sous-traitants, appréciant ceux ne possédant pas de bureaux d'études.

Revenons sur certains points dont en partie déjà évoqués plus avant dans différents paragraphes. L'Europe est faite de pays et de groupes de pays avec leurs identités historiques, bien ancrées, leurs liens et leurs règles de fonctionnement.

Mais quasiment tous, en dehors de la France, se reposent sur le soutien militaire étasunien. Même les traités de l'UE mentionnent cet état de fait. Les achats d'armements rappellent souvent une certaine lutte entre les matériels étasuniens et français, moins avec ceux des autres pays réalisés en coopération. L'insertion des industriels français dans les coopérations imposent souvent une prise de conscience des besoins et des approches différentes des autres pays.

Pour parler de la seconde partie du moteur, normalement complémentaire de la première, l'Allemagne est également devenue quant à elle puissance géopolitique grâce à son économie et ne semble pas vouloir réellement faire le deuil d'interdépendance avec les Etats-Unis, tout en donnant parfois des coups de semonce en enfant adapté rebelle, revenant dans la relation, liée par sa constitution et essentiellement positionnée sur l'industrie et les affaires pour ne pas froisser les Etats-Unis, en conformité avec le plan Juncker préfacé par A. Merkel.

L'Allemagne, est plus qu'une partie de moteur et plutôt un pays pivot dont l'armée est très réduite mais qui sait faire des imbrications avec des pays voisins. Elle ne veut plus faire la guerre et surveille toute résurgence, mais s'affiche en revanche être un champion industriel dans le secteur, sachant néanmoins s'effacer face aux Etats-Unis comme quand l'Eurofighter a laissé sa place au F-35 pour les démonstrations du Bourget. Elle sait aussi faire valoir sa constitution de style étasunien face aux volontés de décision françaises, tout en essayant de faire le deuil de son ancienne unité, non plus fédérale, signée au traité de Versailles, et travaille désormais dans le consensus, remportant ainsi souvent la partie avec les autres nations.

L'Allemagne d'apparence plus consensuelle et interdépendante avec les autres, qui gagne souvent à la fin comme quasi-leader en récupérant les doléances et les fruits et en utilisant l'énergie déployée par la France telle une prise de judo, pourrait-elle ensuite prendre une place de leadership, mais non combattante, reproché par les Français, des pays de l'UE au sein de l'OTAN ? Dans ce cas, les Etats-Unis pourraient aussi pousser à l'installer dans le Conseil de sécurité aux côtés de la France qui n'a pas voulu ouvrir son poste aux autres européens si tant est qu'elle soit, comme le Royaume-Uni, uniquement européenne ?

Le Royaume-Uni, qui dispose toujours d'un capital sympathie de la part de nombreux autres pays et la Suède, qui considérait avoir perdu un allié avec le départ du premier de l'UE, sont deux cas à part, l'un étant dans l'OTAN avec une siège au conseil de sécurité et ayant quitté l'UE et l'autre dans l'UE mais pas dans l'OTAN avec une tradition de neutralité armée depuis la fin du premier empire français et sans être à l'Euro, comme d'ailleurs la Bulgarie, la Croatie, la Tchéquie, la Hongrie, la Pologne, la Roumanie mais aussi le Danemark qui bénéficie d'une clause d'exemption. Ces deux pays conservent finalement comme la France toutes les options ouvertes, comme le dit souvent le ministère des Affaires Etrangères. Le Royaume-Uni ne fait en revanche pas de blocage de commandement à l'OTAN pour sa marine considérant que ses missions historiques consistent plus à protéger des convois, par rapport à la France qui protège plutôt des territoires. La Norvège fait partie de l'OTAN et lui fournit son Secrétaire Général, fait partie de la coopération nordique de défense, et fait quasiment partie « de fait » de l'UE. L'Autriche est, quant à elle, particulière en dehors de l'OTAN du fait de sa parole donnée aux Soviétiques lors de leur retrait et depuis lors quasiment aussi neutre que la Suède. Les pays du centre, dont du groupe de Visegrad (Hongrie, Pologne République tchèque, Slovaquie), véritable laboratoire pour et au sein de l'UE, sont rentrés quasi automatiquement dans l'OTAN à leur sortie de l'Union soviétique, contrairement aux promesses données à la Russie qui n'était plus, il est vrai, en position de force pour faire respecter quoi que ce soit. La Pologne est quasiment déjà psychologiquement en guerre depuis les événements d'Ukraine. Rappelons-nous que François Mitterrand, l'Européen, préférait une intégration progressive des pays de l'Est, contrairement aux Etats-Unis mais pas pour les mêmes raisons, le premier pour la protection des libertés, les seconds pour des raisons plus militaires et économiques. Le Bénélux, notamment avec la Belgique qui accueille des structures importantes, reste traditionnellement lié aux Etats-Unis et à l'OTAN. Sur le bassin sud, l'Italie est davantage liée à l'OTAN et aux Etats-Unis que l'Espagne et le Portugal de par notamment leurs histoires différentes lors des deux grands conflits mondiaux. Même s'ils participent aux exercices français en Afrique, les pays baltes, limitrophes de la Russie et possédant encore des Russes plus ou moins intégrés sur leurs territoires, sont avant tout historiquement liés au Royaume-Uni et aux Etats-Unis avec également un lien étroit avec la Suède plus qu'avec l'Allemagne qui a aussi laissé un certain souvenir. Ils sont des acteurs clés des discussions d'apaisement avec la Russie. Les Balkans, qui ont marqué l'intervention de l'OTAN en Europe, sont regardés avec soin par les Etats-Unis car courtisés de nouveau par la Russie. Enfin, la Grèce, rentrée de facto dans l'OTAN en même temps que son rival de toujours, qu'est la Turquie, est un élément stratégique sur la route de la Mer Noire.

Les bases étasuniennes, qui ne sont donc pas « de l'OTAN » même si considérées comme telles, ne sont pas implantées dans tous les pays membres mais créent un lien évident. On en trouve 25 en Allemagne avec un renforcement annoncé, une en Belgique, 2 en Espagne, 7 en UK, une au

Kosovo, une en Grèce, une en Islande, 9 en Italie, une aux pays Bas, une au Portugal, quasiment une en Pologne et la présence de quelques centaines de militaires en Norvège. Rappelons-nous que la France accueillait 12 bases aériennes étasuniennes, créées, mises à dispositions et réaménagées, 4 canadiennes, 24 dépôts étasuniens, 29 cités logements, de nombreuses écoles élémentaires et secondaires financées par les Etats-Unis et intégrées dans l'économie.

VIII / S'agissant de la place des Etats-Unis dans l'OTAN, soulignons d'abord que ces derniers ne sont peut-être finalement pas les grands sauveteurs européens et surtout sans idée sous-jacente. Regardons-les finalement comme des alliés de circonstance sans réel amour de l'Europe, dont ils en sont pourtant issus, après lui avoir demandé de ne plus intervenir dans ses affaires intérieures suite notamment à la guerre de Sécession et ses suites. Napoléon avait dû auparavant signer un traité de paix naval d'une confrontation qui avait bien vite oublié l'aide française d'indépendance. Les Etasuniens sont venus en Europe continentale en 1917, certes de façon décisive contre l'Allemagne, en réaction à une attaque potentielle sur leur territoire par le Mexique soutenu par l'Allemagne et après le torpillage du Lusitania, transportant des munitions. Ils n'ont pas crié « France », mais plutôt « La Fayette nous voilà ! ». Souvenons-nous ensuite qu'ils ne sont rentrés sur le théâtre européen en 1941 après que la France, qui avait soi-disant la première armée du monde bien protégée derrière sa ligne Maginot, ait perdu toute crédibilité et après qu'Hitler leur aient déclaré la guerre. Il ne s'agissait pas d'un soutien spontané aux alliés occidentaux et que la loi cash and carry du 4 novembre 39 appliquée aux armes et assouplissant la loi de neutralité de 1936 et permettant aux Britanniques de s'approvisionner, n'empêchait en rien l'Allemagne de le faire si elle le pouvait.

Cependant, même si les Etats-Unis ne sont pas forcément arrivés à la suite des appels franco-britanniques mais de leur plein gré, ils ne doivent pas forcément passer de sauveteurs à persécuteurs. Avec les moyens de projection actuels, ils peuvent tout autant à nouveau partir pour revenir en cas de guerre, voire de crise avec la Russie, qui pour l'instant n'a plus les moyens d'une déferlante comme après 1945 mais sur laquelle il faut maintenir une veille quant à la complémentarité stratégique et opérationnelle avec la Chine, notamment pour se rejoindre en méditerranée où ils font déjà des manœuvres. Rappelons-nous qu'ils n'ont plus réagi en 1956 ou 1968 quand les pays du centre Europe ont appelé à l'aide, sans doute pour éviter finalement un affrontement direct avec leurs anciens alliés russes de circonstance. Certaines mémoires ne blâmant que la France ou le Royaume-Uni en 1939 ont dû disparaître.

Il est clair que les Etats-Unis ont toujours réclamé une position plus forte des Européens avec le risque de non-ouverture du carnet de chèque ou de l'épée de Damoclès de risques, voire avec des menaces parfois imaginaires, surtout quand ils s'aperçoivent que le système a fonctionné avec permission sans eux, pris au piège du jeu psychologique du même nom. Nous sommes en droit de nous poser à chaque fois la question de savoir s'il faut appeler l'OTAN ou directement les Etats-Unis et si ces derniers n'en profitent-ils pas, comme pour les interventions internationales, pour œuvrer à leur guise au sein de l'Europe et en reprenant la main quand ils ont l'impression qu'elle leur échappe ?

D. Trump était comptable d'affaires, sans intérêt géostratégiques ni politiques, comme Mme Thatcher finalement, qui voulait sa monnaie back si rien n'apparaissait en retour. Il disait tout haut ce que les autres pensaient tout bas sans oser le marteler, de peur de rompre le lien finalement fragile et d'être peut-être encore plus perdant ensuite, voire de culpabiliser en cas de crise. Pourquoi aussi ne pas reconnaitre une nécessaire solidarité supérieure des Etats-Unis pour ses nécessaires actions en Europe et pour la sécurité étasunienne ? Mais peut-être que D. Trump aurait aussi pu réduire le cout pharamineux des programmes en coopération militaires, ce qu'il n'a pas fait. Les ventes récentes et le coût du F-35, qui semble confirmer plus être un avion marketing pour l'Europe, en auraient sans doute été impactées.

Comme abordé déjà dans la partie budgétaire, même en réaffirmant certains liens, les critiques des Présidents étasuniens à l'égard de leurs alliés de l'OTAN font écho à un très ancien débat aux Etats-Unis. Il s'agit du "burden sharing", c'est à dire le partage du fardeau, ces derniers considérant que les Européens ont tendance à délaisser leurs dépenses de défense, en se reposant sur la puissance de feu étasunienne. Si cela est le cas, un juste retour économique est normal, comme tout le monde le réclame et même les Français, tout en mettant sur les balances les autres éléments déjà avancés. Certains considèrent l'OTAN comme un nouveau plan Marshall étasunien, terme d'ailleurs repris par les représentants de l'UE, pour faire acheter ses produits soit avec ses aides, voire avec l'argent européen qui du coup, pourrait être déduit du juste retour.

Les Etats-Unis sont d'une nature inquiète considérant que rien n'est acquis, comme l'a rappelé le nouveau secrétaire d'Etat à la défense, mais doivent-ils pour autant obliger les Pays européens à dépenser pour leur défense quitte à s'endetter, sauf quand ils réclament effectivement une présence étasunienne, notamment par la Pologne qui se considère en état de guerre, misant sur le fait que cette fois les Etats-Unis sont bien là. Pour autant, cette notion de cotisation et de juste retour financier ne devrait-elle pas aussi s'adapter dans l'autre sens en considérant que les Etats-Unis ont la possibilité d'accéder à l'espace européen pour mieux protéger la proximité de leurs côtes ?

S'agissant des nouvelles bases de l'OTAN, disons donc étasuniennes, profitant de l'élargissement européen, certains diront pour le consolider, rappelons que l'UE ne l'avait pas demandé, fonctionnant de toute façon en souveraineté par l'intermédiaire de ses valeurs, ne faisant pas forcément le poids, on l'a vu, en Ukraine, certes encore en dehors de l'Union. La seule arme de l'UE est pour l'instant économique avec des résultats mitigés.

IX / Le problème turc, voire l'élément de réelle prise de conscience

L'écosystème militaire européen et surtout otanien a tremblé lors des accrochages et tensions pendant quelques mois entre la Russie et la Turquie, de peur que cette dernière entraine tout le monde dans la guerre, plus peut-être que de la voir partir, connaissant le double jeu permanent qui avait été remarqué même lors de la livraison de pièces de rechange en

Irak pour les alliés. La Sublime Porte sait se faire respecter et afficher sa place vis-à-vis de la Russie, voire de la Chine si elle y trouve ses intérêts pour réapparaitre comme grande nation à l'identité perdue. L'Autriche, ancienne grande puissance européenne, défendant désormais les PME, entendons les Petits et Moyens Etats, restée en dehors de l'OTAN en respectant sa parole donnée aux soviétiques, et la Hongrie, son ancien allié, devraient peut-être parfois lui rendre la raison.

S'agissant des batailles navales entre la France et la Turquie, anciennement liées par les concessions de François 1er, comme l'aime à le rappeler constamment cette grande nation, nous avons pu voir les différences, voire les atouts intra-européens complémentaires et intelligents si coordonnés entre d'une part une intervention possible rapide grâce à la constitution française revendiquée devant le Parlement européen, et d'autre part l'actuelle lourdeur de la décision européenne, comme celle des « Ents » dans le « Seigneur des anneaux », qui a aussi ses avantages, avec souvent l'Allemagne à sa tête. Cela influe bien entendu sur le rôle de leader, responsable ou opérationnel, que peut entrevoir la France, désormais seule réelle nation combattante autonome au sein de l'UE.

Revenant sur la partie concernant les autres pays de l'UE, cela ne lui laisse pas forcément le droit de faire rayonner une autocratie directive envers les petits pays qui cherchent aussi à faire valoir leur solution ou invoquer le droit du sang même envers de grand pays ne fournissant que de la logistique, toujours peu considérée dans la chaîne de valeur, voire de commandement, comme au Mali. Ces mêmes témoins savent aussi nous le reprocher quand nous essayons de le dire tout haut et plus fort sans pourtant citer de noms.

X / Les réalités et options d'avenir

Beaucoup de solutions ont déjà été abordées plus avant dont certaines seront rappelées. D'autres, plus innovantes et disruptives, selon la nouvelle expression consacrée trop uniquement dans l'innovation, peuvent aussi être imaginées pour « penser et agir autrement » comme quand il a été plus efficace de rebattre les cartes de négociation pour l'ACCS plutôt que rester sur les tranchées de 80 % de retour industriel à la force des baïonnettes.

L'OTAN ne semble pas être pas en mort cérébrale mais plutôt en absence d'osmose identitaire avec la France, autre grande force motrice, qui pourraient pourtant s'aider mutuellement à avancer dans des objectifs finalement voisins voire communs.

S'il s'agit d'un aspect organisationnel, comme nous l'enseigne la Théorie des Organisations à travers les différents types de leaders (responsable, opérationnel, processus, psychologique, historique), les structures, les membres, l'environnement interne et externe, il est tout à fait possible de fonctionner avec un groupe étendu sachant qu'au-delà de 7 participants il se formera toujours et naturellement des sous-groupes capables aussi de travailler entre eux.

La France prendra bientôt la présidence de l'UE et écrira sans doute bientôt un nouveau livre blanc national sur la défense. Elle devrait également initier un livre blanc européen, réinventé en « European by design », à savoir européen par construction au-delà des politiques nationales. Elle devra le faire en méta situation, à la façon des constats de Machiavel, ne retenant que les avantages et l'opportunité d'un état fort et unifié, considérant à raison que l'Europe ne doit pas être le terrain de jeu des autres grandes puissances, mais également en donnant l'exemple comme dans toute grande négociation d'avenir, sans cristalliser au départ ses capacités, en toute confiance avec les autres, sans attribuer les rôles pour rassurer aussi bien les Etats Unis que les Européens eux-mêmes.

En intelligence avec l'OTAN, l'UE doit continuer à chercher une certaine identité de sécurité et de défense pour mieux affirmer son économie qu'elle tente d'utiliser d'ailleurs comme unique arme de sanction. Selon certains spécialistes, sa monnaie ne s'en portera que mieux comme élément de référence.

Comme certains conseillers de l'Elysée l'avancent également, l'OTAN ne pourrait-elle pas d'ailleurs renaître avec un nouveau nom et une autre organisation, voire une autre politique générale comme on le voit dans les entreprises, et peut-être avec une autre structure, avec une gouvernance européenne intégrée et détachable en fonction des missions, pour éviter tout décalage de compréhension, ne plus déranger ni la France ni la Russie avec cette fois une attente de compréhension des autres pays, sur la base d'une stratégie et d'un vrai document unique transparent passé dans le filtre des réalités et rassurant pour toutes les parties, si elles le décident enfin.

L'armée européenne de l'OTAN aurait peut-être du sens, avec ou sans le même uniforme, comme Frontex, et pourquoi pas réalisée en confiance et dépendance de capacités par segmentation, comme avec les battlegroups qui doivent désormais être mis en pratique.

En matière de stratégie, les grandes orientations OTAN 2030 ne sont pour l'instant que des axes externes orientant vers un nouvel ennemi commun, en dehors de la Russie, oubliant les possibles querelles internes, avec finalement un changement dans la continuité. Mais d'ailleurs pourquoi changer quand le consensus l'emporte ? Sans être pour autant atlantiste, tant qu'il n'existe pas de réelle solution durable avec un engagement difficilement réaliste et réalisable, faut-il penser voire panser le changement sur la stratégie quand on est en train de changer le pansement sur l'identité et le fonctionnement ? N'espérons pas pour autant un nouveau conflit pour y parvenir, comme celui pourtant prédit à Fatima et apparemment caché par l'Eglise.

Les Parlementaires de l'OTAN, certes uniquement consultatifs, et qui devraient se former çà la politique générale en dehors de quelques anciens chefs d'entreprises quand ils en sont conscients, ont-ils toutes les cartes en main et peuvent-ils s'arrêter de croire qu'ils détiennent la vérité en défendant surtout leur siège électoral national et sans discernement de leurs actes alors que les militaires et industriels conscient des vrais problèmes et obligés de faire en fonction des décisions, aimeraient parler et qu'ils ne le peuvent pas ? Faut-il réinventer les traités quand pour, certains juristes, il suffit de les assembler et d'avancer comme pour les essais de constitution européenne avec les résultats que l'on sait, avec une France d'ailleurs qui ne les a pas acceptés.

Défendre l'UE ou l'Europe signifie-t-il pour autant quitter la protection des Etats-Unis ? Ceci est sans doute plus facile pour la France que l'Allemagne, dans une logique de dépendance inverse que pour le nucléaire, avec les réalités déjà énoncées, qui referrait peut-être une vraie armée, bien entendu saluée par les uns et décriée par d'autres, ou se laisserait-elle convaincre d'une confiance française et en rassurant dans un label franco-allemand, avec des solutions identiques ou différentes comme dans le domaine cyber, d'intérêt collectif suite aux traités encore signés récemment entre les deux pays ?

Peut-être faudrait-il mieux reconnaitre les enseignements de l'OTAN, comme apprendre aussi de l'ancienne UEO pour les processus d'intégration en les capitalisant plutôt que les ignorant sans imaginer atteindre à l'identité de quiconque et avoir le courage de faire et expliquer les deuils ? Il serait également nécessaire de réaliser le coup de tamis courageux et réaliste de ce qu'il faudra conserver du modèle Barkhane, succès pour les uns et quasi-échec pour les autres.

Lors du dernier sommet de l'OTAN, les Etats-Unis ont désormais attiré leurs partenaires sur la Chine qui s'arme et fait ses réserves matérielles et même alimentaires. Que peut-on penser d'un retour de solidarité aussi lointain comme lors de la guerre de Corée sauf à penser qu'elle sera l'allumette du futur brasier ? Pour mémoire, un contingent est intervenu en Corée sous le couvert de la résolution 84 des Nations unies le 7 juillet 1950 et non de l'OTAN créé un an plus tôt. Parmi les seize pays qui acceptèrent de venir en aide à la Corée du Sud, figuraient des Européens tels le Royaume-Uni, la France, la Belgique, la Grèce qui envoyèrent plusieurs milliers de soldats. Les autres pays participants se limitèrent à envoyer des équipes médicales.

La Chine menace-t-elle directement les Etats-Unis au point de demander un effort envers ses propres alliés tels que la Corée et le Japon qui ne font pas partie de l'OTAN et qui ont pourtant une réelle capacité militaire notamment industrielle ainsi qu'un budget conséquent ? N'est-ce pas plutôt à l'Europe de demander une aide vis à vis de la Chine qui peut très bien s'allier en coopération militaire, en plus que technologique avec la Russie pour envahir l'Europe depuis la Méditerranée avec déjà des manœuvres réelles et un président chinois stimulant ses troupes, à Djibouti pour se préparer à la guerre, et pourquoi pas avec le soutien providentiel d'une Turquie incontrôlable et désireuse de recréer son espace au moins économique, comme le voulait le Japon après-guerre sur ses anciennes conquêtes ? Le port du Pirée, désormais chinois, ne serait-il que civil, comme d'ailleurs les voies ferrées de la soie ? Notons la résistance suédoise aux velléités de même type au nord, certes comme l'étaient auparavant les comptoirs européens en Asie.

Notons aussi que depuis l'établissement des premiers contacts, au début des années 1990, l'OTAN et le Japon n'ont cessé de dialoguer et de coopérer dans le cadre d'un programme individuel de partenariat et de coopération, qui a été reconduit tout récemment. Une vision est en cours vis-à-vis de l'Inde qui pourrait constituer le partenariat le plus vaste.

Même si l'on parle de plus en plus d'Asie, les scenarii d'emploi des forces dans le glacis occidental sont néanmoins de plus en plus retenus par les Européens alimentés par les craintes de la Pologne, déjà en guerre psychologique depuis les événements d'Ukraine. Même si l'on doit se méfier de l'attitude russe d'expansion territoriale souvent provoquée par des éléments extérieurs, souvenons-nous que les calibres anciens employés n'étaient pas dans une logique d'expansion mais plutôt de terre brûlée. Il convient d'avoir une réflexion européenne sur les intentions réelles propres à cette identité en définitive très proche de la France que cette dernière ne l'est de l'Allemagne.

Pourquoi ne pas réaliser un traité de paix ensuite entre une alliance européenne en dehors de l'OTAN et la Russie ? Ou pourquoi pas une Ligne Maginot vers la Russie ? Quelles seraient les réactions en surface sachant qu'en sous-sol le gaz continuera d'être un lien avec les pays européens au grand détriment des Etats-Unis qui s'insurgent et qui finalement rejoignent la France dans la volonté de création d'une entité européenne ? Les deux pays ne devraient-ils pas mieux se parler et reprendre l'adoubement de la France comme nouveau leader militaire de l'UE qu'Obama avait quasi accordé ?

L'ultime solution ne serait-elle pas de créer un nouveau coup de théâtre, quasi annoncé, avec la sortie de la France, totale ou partielle pour un épanouissement nouveau ? Serait-il viable d'organiser un référendum en France sur ce sujet, sachant aussi que le Président de la République en tiendra compte ou pas comme chef des Armées ? A-t-on analysé tous les scénarii ? Le Royaume-Uni a quitté l'UE sans pour l'instant trop de casse. Quitter l'organisation n'engendrera aucun frais structurel ni pour la France ni surtout pour l'OTAN, qui avait été obligée de déménager son quartier Général et créer de nouvelle base en Belgique. Cela n'impactera pas non plus, son implication industrielle, certes toujours assez limitée. Comme déjà dit, la France n'a qu'un seul centre d'excellence réduit à Lyon et un prochain sur le spatial, alors qu'elle aurait dû profiter de l'argent étasunien en juste retour de sa cotisation majeure et créer notamment un centre de simulation opérationnelle multi-armes dans l'objectif d'un seul écran, d'une certaine interopérabilité et d'une meilleure connaissance des personnels et des matériels. Mais c'était sans doute une forme de dépendance non voulue.

Et pourquoi pas un vrai ou faux départ étasunien de l'OTAN tout en restant sur des bases étasuniennes ou des bases réellement otaniennes et multi-nations ? Pourquoi ne pas jouer ces scénarii en simulation grâce à l'intelligence artificielle et les jumeaux numériques ? Pourquoi ne pas jouer le jeu psychologique du « sans toi » et pour se reposer les bonnes questions comme entre certains pays de Centre Europe et l'UE qui profitent de la situation pour se plaindre des limitations ?

Finalement, la cause écologique ne sera-t-elle pas le lien universel, rassembleur et détaché des problématiques de souveraineté et d'autonomie stratégique souvent difficilement définissable mais avec certaines problématiques proches de celles des COP, dans une cause d'alerte universelle où les dirigeants politiques sont responsables de trouver des solutions à quasi court terme et d'avancer dans un certain dogme commun pour le bien de la planète et sa population.

* * *

L'OTAN REELLEMENT EN MORT CEREBRALE OU STRATEGIE PSYCHOLOGIQUE ?

7 avril 2020

Pour mieux se séparer, voire tuer son chien, mieux vaut dire qu'il est malade. Reste à savoir qui jugera.

La stratégie menante du Président de la République française pour créer une défense européenne des seuls pays européens et en rapprochement avec la Russie, continue par la récente interview dans the Economist, propos quasi repris par la nouvelle Commissaire européenne, équipière du Président français, disant qu'elle était un bel outil ... jusqu'à ces dernières semaines, mais atténué par Madame Parly en évoquant une possible renaissance de l'idée d'identité européenne au sein de l'OTAN

Plutôt bien accueillie en France de par ses projections psychologiques permanentes envers les Etats-Unis et obligeant les Européens dans une logique française alors qu'au sein de l'OTAN tout le monde travaille sereinement en capacité, ou envers l'incohérence de la Turquie en oubliant qu'elle joue un double jeu depuis longtemps et notamment avec les Etats-Unis, cette petite phrase a soulevé de vives réactions en Europe dans la majeure partie des pays et chez les Etasuniens rappelant que les Etats-Unis n'avaient jamais autant investi militairement en Europe depuis ces dernières années

Etait-ce un test, une stratégie psychologique de déstabilisation et de mise en doute l'Objectif était-il pour E M d 'entretenir sa flamme avec la Chine qui considère mieux la France que ses autres anciens occupants européens de par son indépendance, peut-être aussi pour mieux diviser l'Europe ? Etait-ce pour mieux entretenir les relations avec la Russie qui considère, sans doute parfois à juste titre, l'OTAN comme élément perturbateur des relations européennes car associés aux Etats-Unis sauf à créer un réel pôle européen à l'intérieur ? Etait-ce un premier pas vers une révision des traités européens qui incluent l'OTAN , était-ce pour rappeler le non respect potentiel de l'article 5 depuis le 11 septembre ? Etait-ce pour mieux rappeler toutes les actions initiées par la France, souvent en reprenant ce qui existait déjà sans le reconnaître mais peut-être avec une dimension politique plus forte ?

Sans doute un peu de tout ceci en oubliant sans doute que si l'Europe doit être unie peut avancer unie dans la diversité, par ses complémentarités et par ses réalités.

***

NORD STREAM II : L'ACCEPTION DU DANEMARK REMET-ELLE EN QUESTION LE TRAITE DE L'OTAN ?

Nov 2019

Le Danemark vient d'autoriser le passage du gazoduc NordStream II dans ses eaux. Au-delà d'une simple autorisation de processus et d'une brique dans l'interdépendance énergétique européenne notamment vis-à-vis de la Russie, qui en fait partie géographiquement, c'est l'identité européenne autonome au sein de l'OTAN qui s'affirme entraînant avec elle sans doute certaines décisions ou reports de décisions de certains pays vis-à-vis de cette organisation, notamment de la Suède qui a inclus le tuyau dans son plan stratégique.

Cela pose certaines questions d'aspects géostratégique de l'énergie d'une Europe d'une part défendue militairement par l'OTAN, qui figure d'ailleurs dans ses traités même signés par la France, et d'autre part qui entretient des liens économique avec son voisin russe alors que la crise en Ukraine n'est pas solutionnée mais avec des avancées d'actions visant à reconnaître les accords signés et enfin de nouvelles discussions.

On comprend l'émotion étasunienne sur l'aspect militaire mais également économique qui ont toujours été liés que ce soit en Europe ou dans le reste du monde, avec les reconstructions, et d'autant plus quand on lit l'article 2 de l'OTAN stipulant que "Les parties contribueront au développement de relations internationales pacifiques et amicales en renforçant leurs libres institutions, en assurant une meilleure compréhension des principes sur lesquels ces institutions sont fondées et en développant les conditions propres à assurer la stabilité et le bien-être. Elles s'efforceront d'éliminer toute opposition dans leurs politiques économiques internationales et encourageront la collaboration économique entre chacune d'entre elles ou entre toutes"

Il ne s'agit pas forcément non plus de la mort de l'organisation mais d'une refonte possible et acceptée par toutes les parties et notamment les Etats-Unis qui d'une part annoncent leur désintérêt pour l'Europe et d'autre part n'y ont jamais autant investi, reste à séparer les investissements militaires ou économiques, sauf à considérer qu'ils sont liés.

UNESCO OTAN similitudes étasuniennes

Nov 2017

Avec le départ récent des Etats-Unis de l'UNESCO, prétextant un regard plutôt privilégié de cette organisation vers un pays plutôt hostile à un certain allié étasunien, même si parfois recadré du temps de l'ancien président, certains s'inquiètent de l'assèchement de financements

Qu'ils se rassurent. Nous apprenons par Audrey AZOULAY, nouvelle directrice générale de l'UNESCO, que nous inviterons prochainement pour nous parler se son organisation et qui nous dira notamment que, en plus de ce que pense la majorité des Français, elle n'est pas utile uniquement pour classer des sites remarquables mais s'occupe et veille surtout aux questions d'éducation, de développement et de bien être social, avec un positionnement proche de celui du Conseil de l'Europe et que c'est un lieu où certains pays sont trop exceptionnellement réunis

Nous apprenons donc ... que les Etats-Unis en fait ne cotisaient plus depuis longtemps à l'UNESCO ! ce qui n'a donc pas d'impact sauf si on ne le sait pas sauf à considérer que cette fois le retrait est effectif et sans payer le retard du.

Dans un précédent article sur "l'OTAN à l'ère TRUMP" dans la suite des précédents écrits sur le sujet, nous remarquions que le président étasunien ne faisait finalement que mettre en application ce qui était dit depuis longtemps.

Restons donc en veille tout en cherchant à solutionner le problème du budget affiché depuis longtemps en essayant à ramener le financement étasunien aux environs de 50% comme avant. Et que ceux qui se réjouiraient d'une disparition de l'OTAN, qu'ils viennent donc dans l'arène de la vie réelle européenne notamment sur ces sujets. heureusement que nous avons un terrain de dialogue tout en essayant d'y créer une gouvernance européenne. Nous en parlerons très prochainement lors d'un futur événement

***

La France adoubée nouveau leader responsable du groupe européen de l'OTAN

Mars 2014

Cette vision n'est peut-être pas exactement celle de Barack Obama, même après l'attention très particulière qu'il a donné à son invité français, qui s'en est réjoui et avec lequel il semble partager les mêmes valeurs de protection des droits de l'homme et le même courage pour éviter qu'un 11 septembre ne recommence.

Elle n'est peut être pas non plus celle de certains militaires français qui n'ont pas encore compris que l'OTAN était un vecteur d'intégration européenne plus qu'une façon de perdre notre âme.

Mais c'est celle qui devrait être à la fois pour la dynamique européenne et pour une juste interdépendance avec les Etats-Unis qui nous aident finalement à devenir européens et à travailler ensemble.

Au moment où Catherine Ashton donne désormais de la voix pour l'Europe, même parfois de façon inopportune, le temps où nous luttions à l'OTAN contre le couple américano-britannique, notamment sur les affaires industrielles, semble être révolu. Nous sommes même presque au pardon sur le pillage européen par l'avion de chasse F-35 et des écoutes.

Le retour à l'atlantisme chiraquien et à l'Union sacrée de 1776 est avéré et diffère de l'avènement de F. Mitterrand quand les Américains avaient peur des socialistes et de communistes revenus au pouvoir. Mais F. Hollande a bien dit qu'il était social démocrate et on le croit volontiers.

Barack Obama voit que la France tire les Européens dans une certaine segmentation d'intervention, comme avec le transport logistique au Mali où la Belgique a envoyé 129 appareils, l'Allemagne 95, les Etats-Unis 70, le Danemark 37 et le Royaume Uni... 2. Barack Obama est un visionnaire réaliste, comme l'était Mikhaïl Gorbatchev. Il a donc choisi son leader européen, pourtant parmi les plus indépendants des Etats-Unis, pour prendre en main la destinée de la défense européenne, adressant par là même un signe aux autres nations du continent. La France n'a pas officialisé son statut dans l'OTAN, où elle oeuvrait déjà, pour perdre son identité mais pour valoriser ses approches avec ses voisins européens. Barack se rappelle que la France, Robert Schuman et Jean Monnet ont été les moteurs de l'Europe, comme du fait que T. Jefferson était très francophile. On peut penser qu'il considère F. Hollande comme un leader responsable mais également opérationnel de par le travail et les décisions, voire celui de processus par la façon de travailler, même si les autres pays d'Europe continuent à ne jurer que par les Etats-Unis et l'OTAN, leaders d'autorité et psychologiques, pour éviter notamment toute duplication budgétaire, mais également par souvenir d'un certain attentisme en 1938.

Par ailleurs, autant il faut comprendre qu'un Allemand préfère un euro fort pour ne plus vivre la république de Weimar, autant il faut admettre qu'un Allemand ne rêve pas d'intervenir dans le monde alors qu'un estonien le fait et autant il faut considérer que les Etasuniens ne demandent pas mieux que l'Europe soit en paix sans forcément y être présent ni avoir un devoir protecteur. N'oublions pas que les Etats-Unis ont sauvé plusieurs fois le diamant européen aux multiples facettes, mais bien réuni dans une même pierre, contre un pouvoir unique, synonyme de privation de liberté et de droits de l'homme. Mais rappelons nous qu'ils ne sont rentrés en guerre que tardivement à chaque fois et généralement par l'incitation française. Nous devons sans doute comprendre que les Etats-Unis, dont nous sommes les ancêtres, ne sont pas contre l'Union européenne, même économique, même s'ils souhaitent la contrôler tant qu'elle n'est pas stable. Nous devons aussi croire que Barack Obama ne défend pas forcément la position française mais *ce qu'il y a de mieux pour l'Europe* tout en sachant que le livre blanc français de la défense n'est pas européen. Au-delà du fédéralisme, encore très incompris, n'était-ce pas finalement cela le message de Jean Monnet, lié aux Etasuniens pour l'initiative de la CECA, de la CED et de l'armée européenne rejetée finalement par la France ? Les Etats-Unis ont reporté leur regard en Chine désormais et cherchent un gardien des clés. Ils nous donnent une forme d'autorité mais nous devons veiller à garder une certaine interdépendance tout en en profitant pour faire bouger les lignes.

La France, qui a offert la statue de la liberté aux Etats-Unis, doit la considérer ainsi et non comme nouveau lien privilégié des Etats-Unis pour faire la guerre dans le monde sans contrepartie notamment celle de « tu m'aides à garder le monde et je t'aide économiquement... ». Barack Obama ne peut avoir une autre idée derrière la tête et se souvient aussi des talents de médiateurs de Nicolas Sarkozy en Géorgie.

Sachons mettre à profit ce leadership acquis pour travailler avec des lunettes européennes au sein de l'OTAN comme quand nous avions réussi autrefois ensemble face aux solutions anglo-américaines pour l'ACCS (radars). Il est temps de *penser autrement pour agir autrement* et faire migrer désormais les systèmes en toute confiance, pour n'en faire qu'un au niveau européen au sein de l'OTAN, capable de s'en extraire en cas de besoin mais sans rompre la membrane externe. Nous pouvons créer cet espace militaro-industriel européen déjà en constitution à l'OTAN comme auprès de l'OCCAR, de création française, et de l'AED en profitant également des crédits étasuniens, ne serait-ce que pour établir un centre de simulation opérationnelle afin d'apprendre à fonctionner entre nous et harmoniser les besoins et les matériels en Europe et non plus aux Etats-Unis.

Ainsi l'armée européenne ne sera plus une armée de circonstance.

Nous autres militaires, même et surtout ayant fait des manœuvres interalliées, savons bien que si les Français et Allemands peuvent travailler ensemble, ils ne peuvent fusionner leur identité. Les interventions OTAN fonctionnent car elles ne cherchent pas à fusionner les composantes. Nous savons que l'Eurocorps, créé en 1993 entre la France et l'Allemagne, puis élargi à la Belgique et Espagne en 94, ne fonctionnera pas dans une identité commune et tant qu'il n'aura pas un budget dédié, comme à l'OTAN. Dans le domaine militaro-industriel, le modèle multidomestique Thales durera plus longtemps que le ciment Airbus, quasiment disparu, alors qu'il fonctionne dans le civil.

Notre fierté d'Européens, ne doit plus trembler de peur que *les conditions d'emploi du corps européen* et que le *test de capacité opérationnelle* dans un cadre OTAN ne soient pas respectées. Nous ne devons plus lire que l'OTAN doit *être à disposition de l'UE en cas de crise* mais plutôt que la partie européenne de l'OTAN, quasi copier coller des membres de l'UE, peut gérer cette crise d'autorité et faire appel aux autres sous-groupes de l'OTAN en bonne intelligence en cas d'ultime besoin. L'intervention de 98 en Bosnie puis au Kosovo, l'intégration de la Pologne, les accords techniques avec la Turquie et l'Autriche, l'intervention en Afghanistan sous le drapeau de l'OTAN, le travail avec l'OTAN dans l'Intervention Security Assistance Force (ISAF) et les accords SACEUR nous ont appris à travailler ensemble en attente de nouveaux *impétrants*. Nous pouvons encore rêver d'une Europe économique et de défense de l'Atlantique à l'Oural avec un grenier minéral commun en Sibérie… Mais désormais nous pouvons, avec la bienveillance étasunienne, aller au-delà de la nécessaire interopérabilité. Dans les entreprises, le passage aux normes ISO doit être un stade plus qu'un but. Il doit en être de même pour notre défense et pour notre avenir d'Européens.

***

L'OTAN : vecteur d'intégration européenne

mai 2012

A la veille du sommet de l'Organisation du Traité de l'Atlantique Nord qui accueillera la nouvelle équipe gouvernementale française, il parait utile de rappeler certaines réalités, en espérant que les actions futures soient prises avec cohérence et responsabilité

F. Hollande, qui a rappelé De Gaulle, suivra son programme mais qu'il se souvienne aussi qu'il a proposé en Allemagne de remettre les choses sur la table. En dehors de l'autonomie nucléaire et d'un deuil certainement non fait, sortir du commandement intégré de l'OTAN était certainement aussi un alibi pour reprendre une autonomie identitaire et industrielle et un certain contrôle, sans avoir l'impression d'avoir une armée étrangère, même amie, sur notre territoire empêchant de croire que l'on pouvait se défendre seuls. Nous n'en sommes plus là et les réalités ont changé.

Le commandement militaire intégré n'existe plus mais sont désormais élaborés des plans de défense. Le commandement allié des opérations est situé aux Etats-Unis et en Europe avec toujours quelques postes en France. L'OTAN dispose d'un Budget d'un budget militaire de 170 Mns d'euros réparti pour 2/3 en fonctionnement et 1/3 en investissement dont nous sommes le 4eme contributeur.

l'OTAN dirige actuellement en Afghanistan, sous mandat de l'ONU, la Force Internationale d'Assistance à la Sécurité (FIAS), avec un fort contingent français. Mais l'OTAN dispose aussi d'un budget civil, conduit des programmes industriels et assure leur logistique avec une prochaine nouvelle organisation. Nos entreprises sont éligibles aux marchés et ont même un certain dû en terme de juste retour du financement français.

L'intégration totale de la France lui permet de profiter pleinement du juste retour de son financement. Mais elle lui donne surtout l'occasion de mieux faire entendre sa voix pour équilibrer les relations transatlantiques à l'heure où certains pays européens de l'Est privilégient encore la relation directe avec les Etats-Unis car n'ont toujours pas encore confiance, depuis 1938, dans une défense européenne et française.

L'OTAN peut être considérée comme un véritable vecteur d'intégration européen avec une capacité de travailler, entre européens, de façon plus détachée à la construction d'une base de défense dont le périmètre est très voisin avec celui de l'OTAN, mais dont il convient sans doute d'élaborer certains sous-groupes.

Nous avions réussi à faire valoir cette identité complémentaire européenne face aux Etats Unis pour le négociation du programme ACCS. Nous pouvons aussi mieux faire valoir le côté face de l'article 5 du traité, que les Etats-Unis voient souvent à sens unique.

Tout en restant intégrée, la France peut aussi décider de dire non et retirer ses troupes d'Afghanistan avec responsabilité et intelligence vis-à-vis de nos alliés mais après en avoir établi un bilan pour sevrer ce pays à ses réalités, lui qui n'a jamais été conquis durablemet par les Britanniques, ni par les Russes.

Pourquoi ne pas revendiquer également l'élaboration d'un Centre de simulation opérationnelle sur le sol européen pour valoriser l'utilisation, l'emploi et l'interopérabilité des matériels comme de leur logistique et leur maintien en condition opérationnelle ?

SOMMAIRE

yes
I want morebooks!

Buy your books fast and straightforward online - at one of world's fastest growing online book stores! Environmentally sound due to Print-on-Demand technologies.

Buy your books online at
www.morebooks.shop

Achetez vos livres en ligne, vite et bien, sur l'une des librairies en ligne les plus performantes au monde!
En protégeant nos ressources et notre environnement grâce à l'impression à la demande.

La librairie en ligne pour acheter plus vite
www.morebooks.shop

KS OmniScriptum Publishing
Brivibas gatve 197
LV-1039 Riga, Latvia
Telefax: +371 686 204 55

info@omniscriptum.com
www.omniscriptum.com

Printed by Books on Demand GmbH, Norderstedt / Germany